AHORRO DE ENERGÍA

JAVIER OMAR SIANCHA

Téc. Sup. en Energía y Energía Renovable

AHORRO DE ENERGÍA

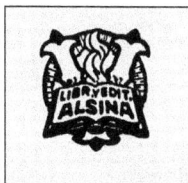

Librería y Editorial Alsina

Paraná 137 - C1017AAC Ciudad Autónoma de Buenos Aires
Tel.: 54 11 4373-2942 – Telefax: 54 11 4371-9303
info@lealsina.com   www.lealsina.com

Maquetación y armado de interiores:
Gráfica del Parque

ISBN 978-950-553-239-1

Queda hecho el depósito que establece la ley 11.723

Impreso en Argentina

Siancha, Javier Omar
  Ahorro de energía. - 1a ed. - Buenos Aires : Librería y Editorial Alsina, 2013.
  72 p. ; 14x20 cm.

  ISBN 978-950-553-239-1

  1. Energía. I. Título
  CDD 333.79

Este libro está dedicado a mis padres:
Custodia López Gama y en memoria de mi padre
Roberto Bismar Siancha

ÍNDICE

PRÓLOGO

USO EFICIENTE DE LA ENERGÍA

¿USTED SABE AHORRAR ENERGÍA?

El uso eficiente y el ahorro de la energía se asocian a un conjunto de acciones que apuntan a obtener los mismos servicios, pero con menores cantidades de energía derrochada. Esto significa satisfacer nuestras necesidades de consumo diario. Esto se puede lograr a través de mejores tecnologías, diseños óptimos, buenas prácticas, concientización y educación, pero principalmente con las ya mencionadas prácticas y diseños (Arquitectura Pasiva).

Estamos habituados que se convoque a la eficiencia energética en momentos críticos. O sea, por ejemplo, cuando la demanda eléctrica del verano amenaza con colapsar los sistemas de distribución de la energía. En este caso la preocupación mayor no es en sí misma consumir menos sino, solo evitar daños mayores ya que de producirse el colapso no se podría vivir cómodamente. La lógica humana incorpora en un bien que debería ser realmente un servicio público impregna toda la operatoria energética y no solo para el caso de la energía eléctrica sino para los combustibles líquidos, sólidos y gaseosos. Es muy probable, por ejemplo, que si los sectores residenciales de mayores consumos eléctrico y de costo por no tener subsidio, las cuentas de la empresa de distribución eléctrica se vean afectadas drásticamente a riesgo de que no cierren. Vemos aquí una contradicción intrínseca entre apuntar a la eficiencia Energética y sostenerle sistema mismo.

Javier Omar Siancha
Téc. Sup. en Energía y Energía Renovable
www.limpiaenergia.com.ar

DEFINICIÓN DE LAS ENERGÍAS RENOVABLES

El girasol, icono de las energías renovables por su enorme aprovechamiento de la luz solar, su uso para fabricar biodiesel y su "parecido" con el Sol.

Se denomina **energía renovable** a la energía que se obtiene de fuentes naturales virtualmente inagotables, ya sea por la inmensa cantidad de energía que contienen, o porque son capaces de regenerarse por medios naturales. Entre las energías renovables se cuentan la eólica, geotérmica, hidroeléctrica, mareomotriz, solar, undimotriz, la biomasa y los biocombustibles.

CLASIFICACIÓN DE LAS ENERGÍAS RENOVABLES

Las fuentes renovables de energía pueden dividirse en dos categorías: no contaminantes o limpias y contaminantes. Entre las primeras:

- La llegada de masas de agua dulce a masas de agua salada: energía azul.
- El viento: energía eólica.
- El calor de la Tierra: energía geotérmica.
- Los ríos y corrientes de agua dulce: energía hidráulica o hidroeléctrica.
- Los mares y océanos: energía mareomotriz.
- El Sol: energía solar.
- Las olas: energía undimotriz.

Las contaminantes se obtienen a partir de la materia orgánica o biomasa, y se pueden utilizar directamente como combustible (madera u otra materia vegetal sólida), bien convertida en bioetanol o biogás mediante procesos de fermentación orgánica o en biodiesel, mediante reacciones de transesterificación y de los residuos urbanos.

Las energías de fuentes renovables contaminantes tienen el mismo problema que la energía producida por combustibles fósiles: en la combustión emiten dióxido de carbono, gas de efecto invernadero, y a menudo son aún más contaminantes puesto que la combustión no es tan limpia, emitiendo hollines y otras partículas sólidas. Se encuadran dentro de las energías renovables porque mientras puedan cultivarse los vegetales que las producen, no se agotarán. También se consideran más limpias que sus equivalentes fósiles, porque teóricamente el dióxido de carbono emitido en la combustión ha sido previamente absorbido al transformarse en materia orgánica mediante fotosíntesis. En realidad no es equivalente la cantidad absorbida previamente con la emitida en la combustión, porque en los procesos de siembra, recolección, tratamiento y transformación, también se consume energía, con sus correspondientes emisiones.

Además, se puede atrapar gran parte de las emisiones de CO_2 para alimentar cultivos de microalgas/ciertas bacterias y levaduras (potencial fuente de fertilizantes y piensos, sal (en el caso de las microalgas de agua salobre o salada) y biodiesel/etanol respectivamente, y medio para la eliminación de hidrocarburos y dioxinas en el caso de las bacterias y levaduras (proteínas petrolíferas) y el problema de las partículas se resuelve con la gasificación y la combustión completa (combustión a muy altas temperaturas, en una atmósfera muy rica en O_2) en combinación con medios descontaminantes de las emisiones como los filtros y precipitadores de partículas (como el precipitador Cottrel), o como las superficies de carbón activado. También se puede obtener energía a partir de los residuos sólidos urbanos y de los lodos de las centrales depuradoras y potabilizadoras de agua. Energía que también es contaminante, pero que también lo sería en gran medida si no se aprovechase, pues los procesos de pudrición de la materia orgánica se realizan con emisión de gas natural y de dióxido de carbono.

EVOLUCIÓN HISTÓRICA

Las energías renovables han constituido una parte importante de la energía utilizada por los humanos desde tiempos remotos, especialmente la solar, la eólica y la hidráulica. La navegación a vela, los molinos de viento o de agua y las disposiciones constructivas de los edificios para aprovechar la del sol, son buenos ejemplos de ello.

Con el invento de la máquina de vapor por James Watt, se van abandonando estas formas de aprovechamiento, por considerarse inestables en el tiempo y caprichosas y se utilizan cada vez más los motores térmicos y eléctricos, en una época en que el todavía relativamente escaso consumo, no hacía prever un agotamiento de las fuentes, ni otros problemas ambientales que más tarde se presentaron.

Hacia la década de años 1970 las energías renovables se consideraron una alternativa a las energías tradicionales, tanto por su disponibilidad presente y futura garantizada (a diferencia de los combustibles fósiles que precisan miles de años para su formación) como por su menor impacto ambiental en el caso de las energías limpias, y por esta razón fueron llamadas *energías alternativas*. Actualmente muchas de estas energías son una realidad, no una alternativa, por lo que el nombre de *alternativas* ya no debe emplearse.

Según la Comisión Nacional de Energía española, la venta anual de energía del Régimen Especial se ha multiplicado por más de 10 en España, a la vez que sus precios se han rebajado un 11%.

En España las energías renovables supusieron en el año 2005 un 5,9% del total de energía primaria, un 1,2% es eólica, un 1,1% hidroeléctrica, un 2,9 biomasa y el 0,7% otras. La energía eólica es la que más crece.

FUENTES DE ENERGÍA

¿CUÁLES SON LAS FUENTES DE ENERGÍA?

Energía nuclear

Energía liberada durante la fisión o fusión de núcleos atómicos. Las cantidades de energía que pueden obtenerse mediante procesos nucleares superan con mucho a las que pueden lograrse mediante procesos químicos, que sólo implican las regiones externas del átomo. La energía de cualquier sistema, ya sea físico, químico o nuclear, se manifiesta por su capacidad de realizar trabajo o liberar calor o radiación. La energía total de un sistema siempre se conserva, pero puede transferirse a otro sistema o convertirse de una forma a otra.

Energía cinética

Energía que un objeto posee debido a su movimiento. La energía cinética depende de la masa y la velocidad del objeto según la ecuación

$$E = 1mv2$$

Donde m es la masa del objeto y v2 la velocidad del mismo elevada al cuadrado. El valor de E también puede derivarse de la ecuación

$$E = (ma)d$$

donde a es la aceleración de la masa m y d es la distancia a lo largo de la cual se acelera. Las relaciones entre la energía cinética y la

energía potencial, y entre los conceptos de fuerza, distancia, aceleración y energía, pueden ilustrarse elevando un objeto y dejándolo
caer.

Cuando el objeto se levanta desde una superficie se le aplica
una fuerza vertical. Al actuar esa fuerza a lo largo de una distancia, se transfiere energía al objeto. La energía asociada a un objeto situado a determinada altura sobre una superficie se denomina
energía potencial. Si se deja caer el objeto, la energía potencial se
convierte en energía cinética. Véase Mecánica.

Energía potencial

Energía almacenada que posee un sistema como resultado
de las posiciones relativas de sus componentes. Por ejemplo, si se
mantiene una pelota a una cierta distancia del suelo, el sistema
formado por la pelota y la Tierra tiene una determinada energía
potencial; si se eleva más la pelota, la energía potencial del sistema aumenta. Otros ejemplos de sistemas con energía potencial son
una cinta elástica estirada o dos imanes que se mantienen apreta-
dos de forma que se toquen los polos iguales.

Para proporcionar energía potencial a un sistema es necesario
realizar un trabajo. Se requiere esfuerzo para levantar una pelota
del suelo, estirar una cinta elástica o juntar dos imanes por sus
polos iguales. De hecho, la cantidad de energía potencial que posee
un sistema es igual al trabajo realizado sobre el sistema para si-
tuarlo en cierta configuración. La energía potencial también puede
transformarse en otras formas de energía. Por ejemplo, cuando se
suelta una pelota situada a una cierta altura, la energía potencial
se transforma en energía cinética.

FUENTES RENOVABLES

Energía Hidráulica

Ya desde la antigüedad, se reconoció que el agua que fluye desde un nivel superior a otro inferior posee una determinada energía cinética susceptible de ser convertida en trabajo, como demuestran los miles de molinos que a lo largo de la historia fueron construyéndose a orillas de los ríos.

Más recientemente, hace más de un siglo, se aprovecha la energía hidráulica para generar electricidad, y de hecho fue una de las primeras formas que se emplearon para producirla.

El aprovechamiento de la energía potencial del agua para producir energía eléctrica utilizable, constituye en esencia la energía hidroeléctrica. Es por tanto, un recurso renovable y autóctono. El conjunto de instalaciones e infraestructura para aprovechar este potencial se denomina central hidroeléctrica. Hoy en día, con los problemas medioambientales, se ven las cosas desde otra perspectiva. Esto ha hecho que se vayan recuperando infraestructuras abandonadas dotándolas de nuevos equipos automatizados y turbinas de alto rendimiento. En consecuencia, el impacto ambiental no es más del que ya existía o por lo menos inferior al de una gran central. A estas instalaciones, con potencia inferior a 5.000KW se les denomina minihidráulicas.

Las minicentrales hidroeléctricas están ondicionadas por las características del lugar de emplazamiento. La topografía del terreno influye en la obra civil y en la selección del tipo de máquina.

Centrales de aguas fluyentes

Aquellas instalaciones que mediante una obra de toma, captan una parte del caudal del río y lo conducen hacia la central para su aprovechamiento, para después devolverlo al cauce del río.

Centrales de pie de presa

Son los aprovechamientos hidroeléctricos que tienen la opción de almacenar las aportaciones de un río mediante un embalse. En estas centrales se regulan los caudales de salida para utilizarlos cuando se precisen.

Centrales de canal de riego o abastecimiento

Se pueden distinguir dos tipos:

- Con desnivel existente en el propio canal
  Se aprovecha mediante la instalación de una tubería forzada, que conduce el agua a la central, devolviéndola posteriormente al curso normal del canal.
- Con desnivel existente entre el canal y el curso de un río cercano.
  En este caso la central se instala cercana al río y se aprovechan las aguas excedentes en el canal.

A la hora de realizar un proyecto de una minicentral hidroeléctrica y dependiendo del tipo por su emplazamiento, la determinación del caudal y la altura de salto determinará la potencia a instalar, así como, el tipo de miniturbina.

Existen varios tipos de miniturbinas:

De *reacción*, que aprovecha la energía de presión del agua en energía cinética en el estator, tanto en la entrada como en la salida, estas aprovechan la altura disponible hasta el nivel de desagüe.

Kaplan: se componen básicamente de una cámara de entrada que puede ser abierta o cerrada, un distribuidor fijo, un rodete con cuatro o cinco palas fijas en forma de hélice de barco y un tubo de aspiración.

Francis: caracterizada por que recibe el flujo de agua en dirección radial, orientándolo hacia la salida en dirección axial. Se compone de:

- Un distribuidor que contiene una serie de álabes fijos o móviles que orientan el agua hacia el rodete.
- Un rodete formado por una corona de paletas fijas, torsionadas de forma que reciben el agua en dirección radial y lo orientan axialmente.
- Una cámara de entrada, que puede ser abierta o cerrada de forma espiral, para dar una componente radial al flujo de agua.
- Un tubo de aspiración o de salida de agua, que puede ser recto o acodado y se encarga de mantener la diferencia de presiones necesaria para el buen funcionamiento de la turbina.

De flujo cruzado: también conocida como de doble impulsión, constituida principalmente por un inyector de sección rectangular provisto de un álabe longitudinal que regula y orienta el caudal que entra en la turbina, y un rodete de forma cilíndrica, con múltiples palas dispuestas como generatrices y soldadas por los extremos a discos terminales.

El caudal que entra en la turbina es orientado por el álabe del inyector, hacia las palas del rodete, produciendo un primer impulso. Posteriormente, atraviesa el interior del rodete y proporciona un segundo impulso, al salir del mismo y caer por el tubo de aspiración.

De *acción*, que aprovecha la energía de presión del agua para convertirla en energía cinética en el estator, estas aprovechan la altura disponible hasta el eje de la turbina. Pelton: Consta de un disco circular que tiene montados en su periferia unas paletas en forma de doble cuchara y de un inyector que dirige y regula el chorro de agua que inciden sobre las cucharas, provocando el movimiento de giro de la turbina.

Energía Solar

Energía radiante producida en el Sol como resultado de reacciones nucleares de fusión. Llega a la Tierra a través del espacio en cuantos de energía llamados fotones, que interactúan con la atmósfera y la superficie terrestres. La intensidad de la radiación solar en el borde exterior de la atmósfera, si se considera que la Tierra está a su distancia promedio del Sol, se llama constante solar, y su valor medio es $1,37 \times 106$ erg/s/cm², o unas 2 cal/min/cm². Sin embargo, esta cantidad no es constante, ya que parece ser que varía un 0,2% en un periodo de 30 años. La intensidad de energía real disponible en la superficie terrestre es menor que la constante solar debido a la absorción y a la dispersión de la radiación que origina la interacción de los fotones con la atmósfera.

La intensidad de energía solar disponible en un punto determinado de la Tierra depende, de forma complicada pero predecible, del día del año, de la hora y de la latitud. Además, la cantidad de energía solar que puede recogerse depende de la orientación del dispositivo receptor.

Energía Solar Térmica

Un sistema de aprovechamiento de la energía solar muy extendido es el térmico. El medio para conseguir este aporte de temperatura se hace por medio de colectores.

El colector es una superficie, que expuesta a la radiación solar, permite absorber su calor y transmitirlo a un fluido. Existen tres técnicas diferentes entre sí en función de la temperatura que puede alcanzar la superficie captadora. De esta manera, los podemos clasificar como:

Baja temperatura, captación directa, la temperatura del fluido es por debajo del punto de ebullición.

Media temperatura, captación de bajo índice de concentración, la temperatura del fluido es más elevada de 100 °C.

Alta temperatura, captación de alto índice de concentración, la temperatura del fluido es más elevada de 300 °C .

Energía Solar Fotovoltaica

El sistema de aprovechamiento de la energía del Sol para producir energía eléctrica se denomina conversión fotovoltaica.

Las células solares están fabricadas de unos materiales con unas propiedades específicas, denominados semiconductores.

Para entender el funcionamiento de una célula solar, debemos de entender las propiedades de estos semiconductores.

Propiedades de los semiconductores.

Los electrones que se encuentran orbitando al rededor del núcleo atómico no pueden tener cualquier energía, solamente unos valores determinados, que son denominados, niveles energéticos, a los que se pone nombre: 1s, 2s, 2p, 3s, 3p.

Las propiedades químicas de los elementos están determinadas por el número de electrones en su última capa y por electrones que faltan para completarla. En el silicio, material que se usa para la construcción de una célula solar, en su última capa, posee cuatro electrones y faltan otros cuatro para completarla.

Cuando los átomos de silicio se unen a otros, comparten los electrones de las últimas capas con la de los átomos vecinos, formando lo que se denomina enlace covalente. Estas agrupaciones dan lugar a un sólido de estructura cristalina.

De la forma, que los electrones de un átomo no pueden tener cualquier energía, los electrones de un cristal tampoco pueden tomar cualquier energía.

Teniendo en cuenta que en el átomo sus propiedades se determinan en la última capa, ahora son agrupaciones de capas, llamadas bandas de energía, y que definen las propiedades electrónicas de un cristal.

Las dos últimas capas ocupadas por electrones reciben el nombre de banda de conducción y banda de valencia. Estas están separadas por una energía denominada gap.

- Para poder entender esto describiremos los tipos de materiales existentes, eléctricamente hablando:
- Conductores, disponen de unos electrones de valencia poco ligados al núcleo y que pueden moverse con facilidad dentro de la red cristalina respondiendo a un estímulo externo.
- Semiconductores, sus electrones de valencia están más ligados a sus núcleos que los conductores, pero basta suministrar una pequeña cantidad de energía para que se comporten igual que estos.

- Aislantes, los electrones de valencia están fuertemente ligados al núcleo y la energía a suministrar para poder despren-
derse del átomo sería excesivamente grande.

Llegando a este punto, podemos decir que a cierta temperatura, algunos electrones tendrán energía suficiente para desligarse
de los átomos, a estos electrones libres se les denomina "electrones"
y se les asocia con los niveles energéticos de la banda de conducción. A los enlaces que han dejado vacíos se les denomina "huecos";
para entender mejor este racionamiento diremos que los "huecos"
se comportan de la misma forma que partículas con carga positiva.

Si pusiéramos un cristal de estas características, lo único que
conseguiríamos sería calentar el cristal, ya que los electrones se
moverían dentro del propio cristal, se generarían pares electrón-
hueco, que constan de un electrón que se mueve y deja un hueco,
a ese hueco irá otro electrón próximo, generando otro hueco y así
sucesivamente.

Para generar una corriente eléctrica hace falta un campo mag-
nético, que se consigue con la unión de dos cristales semiconductores, uno de tipo "p" y otro de tipo "n".

Estos semiconductores se obtienen con un cristal semiconductor muy puro, introduciéndoles impurezas (dopado).

Una de las regiones se dopa con fósforo, que tiene cinco electrones de valencia, uno más que el silicio, de forma que esta región
dopada muestra una afinidad por los electrones mayor que el silicio
puro. A esta región se le denomina de tipo n.

La otra región de dopa con boro, que tiene tres electrones de valencia, uno menos que el silicio, de forma que esta región muestra
una afinidad por los electrones inferior que el silicio puro. A esta
región se le denomina de tipo p.

De esta forma, teniendo un cristal semiconductor de silicio formado por una región de tipo p y otra región de tipo n, se consigue
una diferencia de potencial que hace que los electrones tengan menos energía en la zona n que en la zona p. Por esta razón los electrones son enviados a la zona n y los huecos a la zona p.

Cuando inciden fotones sobre este tipo de semiconductor, unión
p-n, es cuando entonces se rompen algunos enlaces, generándose
de esta forma pares electrón-hueco.

Las células solares, para poder suministrar energía al exterior, van provistas de unos dedos o mallas de metalización frontal, que consisten en partes metálicas por la que circula al exterior la corriente eléctrica generada.

Si esta generación se produce a una distancia de la unión menor que lo que se denomina longitud de difusión, estos pares serán separados por el fuerte campo eléctrico que existe en la unión, moviéndose el electrón hacia la zona n y el hueco hacia la zona p. De esta forma se da una corriente de la zona n a la zona p.

Si estos electrones consiguen ser recolectados por la malla de metalización, obtendremos energía eléctrica

Si la longitud de difusión es muy corta, el par electrón-hueco, se recombinará, lo cuál dará origen a calor. Por supuesto esto siempre que la célula esté iluminada.

De todas formas no todos los fotones incidentes generan electricidad, hay factores que hacen que existan pérdidas en esta generación.

- Energía de fotones incidentes, hay veces que los fotones incidentes no disponen de la energía necesaria para romper un enlace covalente y crear un par electrón-hueco, y otras, el fotón tiene demasiada energía, lo cual se disipa en forma de calor.
- Recombinación, es el hecho de que los electrones liberados ocupen un hueco próximo a ellos.
- Reflexión, parte de la radiación incidente en la célula es reflejada.
- Malla de metalización, estos contactos eléctricos en el exterior de la célula, disminuye la superficie de captación.
- Resistencia serie, es el efecto Joule producido por el paso de electrones a través del silicio, la malla de metalización y resistencia de los contactos de conexión eléctricas al circuito exterior.
- Resistencia paralelo, tiene origen en las imperfecciones de la unión p-n, creando fugas de corriente.

Estas células conexionadas entre sí, y montadas en un módulo o panel es lo que llamamos panel solar. Cuyas características eléctricas vienen determinadas por el número y forma de conexión de las células. Conexión serie, conexionadas de forma que el lado p sea conectado con el lado n de otra célula, así sucesivamente, quedando cada extremo con un lado n y otro p.

Las tensiones generadas de cada célula se suman, la corriente es el valor de una célula.

Conexión paralelo, conexionados todos los lados de tipo p, por un lado, y los de tipo n por otro. La tensión generada es la de una célula y la corriente es la suma de todas. Conexión mixta, es la conexión en serie y en paralelo de las células. Donde la tensión generada es la suma de las tensiones de células en serie y la corriente es la suma de todas las células en paralelo.

Itotal = I x número de células en paralelo

Vtotal = V x número de células en serie

Existen varios tipos de paneles fotovoltaicos, que se diferencian bien por su tecnología de fabricación de células o por su aplicación.

- Silicio monocristalino
- Silicio policristalino
- Silicio amorfo
- Policristalinos de lámina delgada
- Paneles para el espacio
- Sulfuro de cadmio y sulfuro de cobre
- Telurio de cadmio
- Seleniuro de cobre e indio
- Arseniuro de galio o de concentración
- Bifaciales
- Energía Geotérmica

Nuestro planeta guarda una enorme cantidad de energía en su interior. Un volcán o un geiser es una buena muestra de ello.

Son varias las teorías que tratan de explicar las elevadas temperaturas del interior de la Tierra. Unas sostienen que se debe a las enormes presiones existentes bajo la corteza terrestre; otras suponen que tienen origen en determinados procesos radiactivos internos; por último, hay una teoría que lo atribuye a la materia incandescente que formó nuestro planeta.

Diversos estudios científicos realizados en distintos puntos de la superficie terrestre han demostrado que, por término medio, la temperatura interior de la Tierra aumenta 3 °C cada 100 m. de profundidad.

Este aumento de temperatura por unidad de profundidad es denominado gradiente geotérmico.

Se supone que variará cuando alcancen grandes profundidades, ya que en el centro de la Tierra se superarían los 20.000 °C, cuando en realidad se ha calculado que es, aproximadamente, de 6.000 °C.

La forma más generalizada de explotarla, a excepción de fuentes y baños termales, consiste en perforar dos pozos, uno de extracción y otro de inyección.

En el caso de que la zona esté atravesada por un acuífero se extrae el agua caliente o el vapor, este se utiliza en redes de calefacción y se vuelve a inyectar, en el otro caso se utiliza en turbinas de generación de electricidad.

En el caso de no disponer de un acuífero, se suele proceder a la fragmentación de las rocas calientes y a la inyección de algún fluido.

Es difícil el aprovechamiento de esta energía térmica, ocasionado por el bajo flujo de calor, debido a la baja conductividad de los materiales que la constituyen; pero existen puntos en el planeta que se producen anomalías geotérmicas, dando lugar a gradientes de temperatura de entre 100 y 200 °C por kilómetro, siendo estos puntos aptos para el aprovechamiento de esta energía.

Tipos:

- Hidrotérmicos, tienen en su interior de forma natural el fluido caloportador, generalmente agua en estado líquido o en vapor, dependiendo de la presión y temperatura. Suelen encontrarse en profundidades comprendidas entre 1 y 10 km.
- Geopresurizados, son similares a los hidrotérmicos pero a una mayor profundidad, encontrándose el fluido caloportador a una mayor presión, unos 1000 bares y entre 100 y 200 °C, con un alto grado de salinidad, generalmente acompañados de bolsas de gas y minerales disueltos.
- De roca caliente, son formaciones rocosas impermeables y una temperatura entre 100 y 300 °C, próximas a bolsas magmáticas.

Energía Eólica

La fuente de energía eólica es el viento, o mejor dicho, la energía mecánica que, en forma de energía cinética transporta el aire en movimiento. El viento es originado por el desigual calentamiento de la superficie de nuestro planeta, originando movimientos convectivos de la masa atmosférica.

La Tierra recibe una gran cantidad de energía procedente del Sol. Esta energía, en lugares favorables, puede ser del orden de 2.000 Kwh/m^2 anuales. El 2 por ciento de ella se transforma en energía eólica con un valor capaz de dar una potencia de 10E+11 Giga vatios.

En la antigüedad no se conocían estos datos, pero lo que sí es cierto, es que intuitivamente conocían el gran potencial de esta energía.

Las formas de mayor utilización son las de producir energía eléctrica y mecánica, bien sea para autoabastecimiento de electricidad o bombeo de agua. Siendo un aerogenerador los que accionan un generador eléctrico y un aeromotor los que accionan dispositivos, para realizar un trabajo mecánico.

Partes de un aerogenerador:
- Cimientos, generalmente constituidos por hormigón en tierra, sobre el cual se atornilla la torre del aerogenerador.
- Torre, fijada al suelo por los cimientos, proporciona la altura suficiente para evitar turbulencias y superar obstáculos cercanos; la torre y los cimientos son los encargados de transmitir las cargas al suelo.
- Chasis, es el soporte donde se encuentra el generador, sistema de frenado, sistema de orientación, equipos auxiliares (hidráulico), caja de cambio, etc. Protege a estos equipos del ambiente y sirve, a su vez, de aislante acústico.
- El buje, pieza metálica de fundición que conecta las palas al eje de transmisión.
- Las palas, cuya misión es la de absorber energía del viento; el rendimiento del aerogenerador depende de la geometría de las palas, interviniendo varios factores:
  - Longitud
  - Perfil
  - Calaje
  - Anchura

Sistemas de un aerogenerador:

- Orientación, mantiene el rotor cara al viento, minimizando los cambios de dirección del rotor con los cambios de dirección de viento; Estos cambios de dirección provocan pérdidas de rendimiento y genera grandes esfuerzos con los cambios de velocidad.
- Regulación, controla la velocidad del rotor y el par motor en el eje del rotor, evitando fluctuaciones producidas por la velocidad del viento.
- Transmisión, utilizados para aumentar la velocidad de giro del rotor, para poder accionar un generador de corriente eléctrica, es un multiplicador, colocado entre el rotor y el generador.
- Generador, para la producción de corriente continua (DC) dinamo y para la producción de corriente alterna (AC) alternador, este puede ser sincrónico o asíncrono.

Energía del Mar

Los mares y los océanos son inmensos colectores solares, de los cuales se puede extraer energía de orígenes diversos.

- La radiación solar incidente sobre los océanos, en determinadas condiciones atmosféricas, da lugar a los gradientes térmicos oceánicos (diferencia de temperaturas) a bajas latitudes y profundidades menores de 1000 metros.
- La iteración de los vientos y las aguas son responsables del oleaje y de las corrientes marinas.
- La influencia gravitacional de los cuerpos celestes sobre las masas oceánicas provoca mareas.

Energía de las mareas

La energía estimada que se disipa por las mareas es del orden de 22000 TWh. De esta energía se considera recuperable una cantidad que ronda los 200 TWh.

El obstáculo principal para la explotación de esta fuente es el económico. Los costes de inversión tienden a ser altos con respecto al rendimiento, debido a las bajas y variadas cargas hidráulicas disponibles. Estas bajas cargas exigen la utilización de grandes equipos para manejar las enormes cantidades de agua puestas en movimiento. Por ello, esta fuente de energía es sólo aprovechable en caso de mareas altas y en lugares en los que el cierre no suponga construcciones demasiado costosas.

La limitación para la construcción de estas centrales, no solamente se centra en el mayor coste de la energía producida, si no, en el impacto ambiental que generan.

La mayor central mareomotriz se encuentra en el estuario del Rance (Francia). En nuestro país hay una central mareomotriz en Península de Valdés (Chubut)

Energía térmica oceánica

La explotación de las diferencias de temperatura de los océanos ha sido propuesta multitud de veces, desde que d'Arsonval lo insinuara en el año 1881, pero el más conocido pionero de esta técnica fue el científico francés George Claudi, que invirtió toda su fortuna, obtenida por la invención del tubo de neón, en una central de conversión térmica.

La conversión de energía térmica oceánica es un método de convertir en energía útil la diferencia de temperatura entre el agua de la superficie y el agua que se encuentra a 100 m de profundidad. En las zonas tropicales esta diferencia varía entre 20 y 24 ºC. Para el aprovechamiento es suficiente una diferencia de 20 ºC. Las ventajas de esta fuente de energía se asocian a que es un salto térmico permanente y benigno desde el punto de vista medioambiental. Puede tener ventajas secundarias, tales como alimentos y agua potable, debido a que el agua fría profunda es rica en sustancias nutritivas y sin agentes patógenos.

Las posibilidades de esta técnica se han potenciado debido a la transferencia de tecnología asociada a las explotaciones petrolíferas fuera de costa. El desarrollo tecnológico de instalación de plataformas profundas, la utilización de materiales compuestos y nuevas técnicas de unión harán posible el diseño de una plataforma, pero el máximo inconveniente es el económico. Existen dos sistemas para el aprovechamiento de esta fuente de energía:

El primero consiste en utilizar directamente el agua de mar en un circuito abierto, evaporando el agua a baja presión y así mover una turbina. El departamento de energía americano (DOE) está construyendo un prototipo de 165 kW en las islas Hawaii, con él se pretende alcanzar la experiencia necesaria para construir plantas de 2 a 15 MW.

El segundo consiste en emplear un circuito cerrado y un fluido de baja temperatura de ebullición (amoniaco, freón, propano)que se evaporan en contacto con el agua caliente de la superficie. Este vapor mueve un turbogenerador, se condensa con agua fría de las profundidades y el fluido queda dispuesto de nuevo para su evaporación.

El rendimiento de este sistema es su bajo rendimiento, sobre un 7%, esto es debido a la baja temperatura del foco caliente y la poca diferencia de temperatura entre el foco frío y caliente. Además es preciso realizar un coste extra de energía, empleado para el bombeo de agua fría de las profundidades para el condensado de los fluidos.

Energía de las olas

Las olas del mar son un derivado terciario de la energía solar. El calentamiento de la superficie terrestre genera viento, y el viento genera las olas. Únicamente el 0.01% del flujo de la energía solar se transforma en energía de las olas. Una de las propiedades características de las olas es su capacidad de desplazarse a grandes distancias sin apenas pérdida de energía. Por ello, la energía generada en cualquier parte del océano acaba en el borde continental. De este modo la energía de las olas se concentra en las costas, que totalizan 336000 km de longitud. La densidad media de energía es del orden de 8 kW/m de costa. En comparación, las densidades de la energía solar son del orden de 300 W/m^2. Por tanto, la densidad de energía de las olas es, en un orden de magnitud, mayor que la que los procesos que la generan. Las distribuciones geográficas y temporales de los recursos energéticos de las olas están controladas por los sistemas de viento que las generan (tormentas, alisios, monzones).

La densidad de energía disponible varía desde las más altas del mundo, entre 50-60 kW/m en Nueva Zelanda, hasta el valor medio de 8 kW/m. Los diseños actuales de mayor potencia se hallan a 1 Mwe de media, aunque en estado de desarrollo.

La tecnología de conversión de movimiento oscilatorio de las olas en energía eléctrica se fundamenta en que la ola incidente crea un movimiento relativo entre un absorbedor y un punto de reacción que impulsa un fluido a través del generador.

La potencia instalada en operación en el mundo apenas llega al Mwe. La mayor parte de las instalaciones lo son de tierra. Los costes fuera de la costa son considerablemente mayores. En el momento actual, la potencia instalada de los diseños más modernos varía entre 1 y 2 MW. Pero todos los diseños deben considerarse experimentales.

De los sistemas propuestos, para aprovechar la energía de las olas, se puede hacer una clasificación, los que se fijan a la plataforma continental y los flotantes, que se instalan en el mar.

Uno de los primeros fue el convertidor noruego Kvaerner, cuyo primer prototipo se construyó en Bergen en 1985. Consistente en un tubo hueco de hormigón, de diez metros de largo, dispuesto verticalmente en el hueco de un acantilado. Las olas penetran por la parte inferior del cilindro y desplazan hacia arriba la columna de aire, lo que impulsa una turbina instalada en el extremo superior del tubo. Esta central tiene una potencia de 500 kW y abastece a una aldea de cincuenta casas.

El pato de Salter, que consiste en un flotador alargado cuya sección tiene forma de pato. La parte más estrecha del flotador se enfrenta a la ola con el fin de absorber su movimiento lo mejor posible. Los flotadores giran bajo la acción de las olas alrededor de un eje cuyo movimiento de rotación acciona una bomba de aceite que se encarga de mover una turbina. La dificultad que presenta este sistema es la generación de electricidad con los lentos movimientos que se producen.

Balsa de Cockerell, que consta de un conjunto de plataformas articuladas que reciben el impacto de las crestas de las olas. Las balsas ascienden y descienden impulsando un fluido hasta un motor que mueve un generador por medio de un sistema hidráulico instalado en cada articulación.

Rectificador de Russell, formado por módulos que se instalan en el fondo del mar, paralelos al avance de las olas. Cada módulo consta de dos cajas rectangulares, una encima de la otra. El agua pasa de la superior a la inferior a través de una turbina.

Boya de Nasuda, consistente en un dispositivo flotante donde el movimiento de las olas se aprovecha para aspirar e impulsar aire a través de una turbina de baja presión que mueve un generador de electricidad.

Biomasa - Clasificación

La más amplia definición de BIOMASA sería considerar como tal a toda la materia orgánica de origen vegetal o animal, incluyendo los materiales procedentes de su transformación natural o artificial. Clasificándolo de la siguiente forma:

Biomasa natural, es la que se produce en la naturaleza sin la intervención humana.

Biomasa residual, que es la que genera cualquier actividad humana, principalmente en los procesos agrícolas, ganaderos y los del propio hombre, tal como, basuras y aguas residuales.

Biomasa producida, que es la cultivada con el propósito de obtener biomasa transformable en combustible, en vez de producir alimentos, como la caña de azúcar en Brasil, orientada a la producción de etanol para carburante.

Desde el punto de vista energético, la biomasa se puede aprovechar de dos maneras; quemándola para producir calor o transformándola en combustible para su mejor transporte y almacenamiento la naturaleza de la biomasa es muy variada, ya que depende de la propia fuente, pudiendo ser animal o vegetal, pero generalmente se puede decir que se compone de hidratos de carbono, lípidos y prótidos. Siendo la biomasa vegetal la que se compone mayoritariamente de hidratos de carbono y la animal de lípidos y prótidos.

La utilización con fines energéticos de la biomasa requiere de su adecuación para utilizarla en los sistemas convencionales.

Estos procesos pueden ser:

- Físicos, son procesos que actúan físicamente sobre la biomasa y están asociados a las fases primarias de transformación, dentro de lo que puede denominarse fase de acondicionamiento, como, triturado, astillado, compactado e incluso secado.

- Químicos, son los procesos relacionados con la digestión química, generalmente mediante hidrólisis pirólisis y gasificación.
- Biológicos, son los llevados a cabo por la acción directa de microorganismos o de sus enzimas, generalmente llamado fermentación. Son procesos relacionados con la producción de ácidos orgánicos, alcoholes, cetonas y polímeros.
- Termoquímicos, están basados en la transformación química de la biomasa, al someterla a altas temperaturas (300 °C - 1500 °C). Cuando se calienta la biomasa se produce un proceso de secado y evaporación de sus componentes volátiles, seguido de reacciones de crakeo o descomposición de sus moléculas, seguidas por reacciones en la que los productos resultantes de la primera fase reaccionan entre sí y con los componentes de la atmósfera en la que tenga lugar la reacción, de esta forma se consiguen los productos finales.

Según el control de las condiciones del proceso se consiguen productos finales diferentes, lo que da lugar a los tres procesos principales de la conversión termoquímica de la biomasa:

- Combustión: Se produce en una atmósfera oxidante, de aire u oxígeno, obteniendo cuando es completa, dióxido de carbono, agua y sales minerales (cenizas), obteniendo calor en forma de gases calientes.
- Gasificación: Es una combustión incompleta de la biomasa a una temperatura de entre 600 °C a 1500 °C en una atmósfera pobre de oxígeno, en la que la cantidad disponible de este compuesto está por debajo del punto estequiométrico, es decir, el mínimo necesario para que se produzca la reacción de combustión. En este caso se obtiene principalmente un gas combustible formado por monóxido y dióxido de carbono, hidrógeno y metano.
- Pirólisis: Es el proceso en la descomposición térmica de la biomasa en ausencia total de oxígeno.

En procesos lentos y temperaturas de 300 °C a 500 °C el producto obtenido es carbón vegetal, mientras que en procesos rápidos (segundos) y temperaturas entre 800 °C a 1200 °C se obtienen mezclas de compuestos orgánicos de aspectos aceitosos y de bajo pH, denominados aceites de pirólisis.

Pudiéndose obtener combustibles:

* Sólidos, Leña, astillas, carbón vegetal
* Líquidos, biocarburantes, aceites, aldehídos, alcoholes, cetonas, ácidos orgánicos...

Gaseosos, biogas, hidrógeno

¿Qué es la bioenergía ?
Energía obtenida por transformación química de la biomasa.

¿Cuál es el consumo de energías convencionales en la Argentina en los últimos 10 años?

Tipo	Unidad	1992	1993	1994	1995	1996	1997
Generación de Energía Eléctrica	Giga watt/hora	54.521	58.858	61.589	64.591	68.318	72.121
Gas entregado	miles de m^3	14.565.211	17.890.365	20.145.400	23.516.760	27.169.815	26.899.860
Petróleo procesado	m^3	26.210.224	28.390.671	27.193.837	26.331.131	27.663.141	30.311.6

¿Qué energías alternativas tendrán más importancia en Argentina en el futuro?

Energía Solar y Eólica

¿Qué es el biodigestor?
Sistema de tratamiento primario anaerobio que consiste en retener por un determinado período de tiempo los desechos orgánicos en un tanque cerrado para que se efectué la fermentación del material, produciendo de esta manera gas natural y un efluente de fácil disposición en el entorno. Se puede construir de metal o cemento y debe estar herméticamente cerrado.

Energía Hidráulica y Mareomotriz

Pautas para el trabajo sobre búsqueda Bibliográfica de Energía

Para ambos tipos de energía trabajados:

a) Explicar que recursos naturales se necesitan para generar cada tipo de energía. Indicar si estos recursos son o no renovables y por qué.

La energía hidráulica se obtiene mediante tratamientos de procesos físicos y químicos de los líquidos y los gases, sustancias que pueden considerarse como incomprensible, y los recursos naturales son el agua, aire fluido, recursos netamente naturales que últimamente se han visto agraviados debido al exceso de la contaminación ambiental.

La energía maremotriz se obtiene exclusivamente de la enorme fuente inagotable que es el mar; debido a las mareas, también recurso natural muy dañado por el hombre debido a los desagotes de las petroquímicas.

Recursos totalmente renovables mediante procesos físicos y químicos, y son renovables porque existen métodos de reciclaje para su purificación.

b) Explicar con detalles que tipo de transformaciones enérgicas y/o procesos químicos o fisicoquímicos y tecnológicos, entre otros, se producen. Indicar también cual es el objetivo final de todos estos procesos y para que se los utiliza.

Un tipo de transformación enérgica es la "energía hidroeléctrica", son los ríos su importante fuentes naturales de energía; se llega a represar los caudales y formar importantes masas de aire para luego darle caída con ángulos y altura adecuadas técnicamente, para que así al caer la misma, toda su energía potencial (mgh), impulsen las paletas de las turbinas y generen un movimiento que mediante "zülzers" generen la electricidad.

En la Patagonia también se ha implementado en el río Mayo la producción de energía eólica, que consiste en aprovechar los fuertes y continuos vientos que generan un movimiento circular a las aspas de los molinos para luego, en acumuladores, se va generando la energía para ser usada.

El objetivo final de todo proceso energético es el aprovecha-miento de la energía, dentro de la industria, comercio y uso hu-mano, creando así mejor bienestar social sin descuidar el medio ambiente.

Realizar una síntesis histórica explicando cuándo, cómo, y por qué se empezó a utilizar cada uno de los tipos de energía:

a) En el mundo las leyes fundamentales de los fluidos datan desde 300 a. C. y del 1650 d. C. y aun tienen vigencia, en base a ellas se elaboraron consecuencias que pueden expli-car cosas como las siguientes:
 • El peso del aire
 • La ley de Arquímedes (griego que vivió desde 278 a. C hasta 212 a. C); todo cuerpo total o parcialmente sumergi-do en un liquido recibe un empuje vertical de abajo hacia arriba igual al peso del volumen del liquido que se empuja
 • El aumento de una burbuja de gas a medida que asciende un liquido.
 • La teoría de los vasos comunicantes.
b) En nuestro país no hay fechas exactas pero con la llegada de los españoles e ingleses llegaron también grandes avances tecnológicos.

Indicar en que regiones de nuestro país se utilizan, por qué y para qué.

La energía se utiliza en todas las regiones del país, donde la más usada es la energía producida por las centrales hidroeléctricas debido a su bajo costo de la materia prima, el agua.

El 90 % de la energía usada en el país es proveniente de las hidroeléctricas, y el 10 % restante es la energía generada por los combustibles en centrales químicas o de gas natural, donde su pro-ducción está muy concentrada en la cuenca neuquina.

En el río Turbio (Santa cruz) se usa energía del carbón mineral donde existen muchos yacimientos.

Comparar ambos tipos de energía, analizando ventajas y des-ventajas de ambas en relación con la contaminación ambiental; desde el punto de vista económico, social y geográfico; la tecnología utilizada; y otros.

El problema más serio que ocasiona la energía hidráulica es, que al represar el agua de los ríos, la afluencia de la misma disminuye, provocando asi desastres ecológicos; como la mortandad de peces por la falta de caudal en las aguas, que también originan desbandes de aves y cambios climáticos; pero desde el punto de vista económico y social es el más barato, ya que mientras no se sequen los ios se obtendrá energía. El costo más grande es de la parte civil de la represa y la central hidroeléctrica.

- En las centrales térmicas la contaminación ambiental es generada por las emanaciones de humo que surgen del quemado o proceso químico del petróleo para el funcionamiento químico d las turbinas eléctricas; y el agua que se usa como refrigerante de las turbinas se desagota caliente, provocando daños en la flora y fauna. También los restos de petróleo contaminan los ríos, y desde el punto de vista socioeconómico, es mucho más elevado el costo de la materia prima, que es el petróleo.
- En lo que respecta a la energía maremotriz no produce contaminación ambiental pero sí daña el zócalo continental debido al calentamiento del agua al producirse la transformación enérgica; donde las mareas (olas) golpean, y esa fuerza hace generar energía. En nuestro país existe una central maremotriz en Punta Valdez pero está fuera de servicio por deficiencias técnicas.

Averiguar de dónde proviene y por qué la energía eléctrica que utilizamos en Capital Federal.

La energía que utilizamos en capital federal está dentro del SIN (Sistema Interconectado Nacional); que está compuesto por las centrales generadoras y por las empresas de distribución de transmisión, unidas por una red eléctrica integrada por todas las centrales térmicas e hidráulica existentes; el sistema de transmisión está compuesto principalmente por líneas aéreas de 500, 230 y 132 k. v. Con un diseño radial polarizado en el frente radial.

- Entre las centrales de mayor envergadura se pueden mencionar las centrales binacionales de Salto Grande la de Yaciretá; otras centrales que también cumplen una función muy eficaz, como las empleadas sobre los ríos de los sistemas del desaguadero y de las sierras pampeanas, especialmente la de los reyunos sobre el río Diamante y caverna del Río Grande, en el sistema de Río Tercero, que actúan como compensadores en el SIN son utilizadas a pleno en los momentos de mayor demanda o en casos de emergencia.

- A través de la central de Salto Grande, el SIN vincula con el sistema uruguayo, y se realizan importaciones y exportaciones de energía según las condiciones operativas respectivas.
- La central térmica más importante de Capital Federal es la de Retiro, la cual abastece mediante subestaciones a la red de subterráneos.
- La generación total de electricidad durante el año 1997 que fue de 82736 G. W. h discriminada en:
- Hidroeléctrica (43, 6%)
- Térmica (32,0%)
- Uso comercial (13,1%)
- Proveniente de autogeneradores (2,2%)

Y dicha energía eléctrica se usa en:

- Uso industrial (43,4%)
- Uso residencial (32,0%)
- Uso comercial (13,1%)
- Otros usos (11,52)

Realizar una reflexión crítica, dando su opinión respecto al problema energético mundial y de nuestro país.

La energía, sea la manera que fuese su generación, es saludable para la humanidad, siempre y cuando se use son fines pacíficos y de bienestar tecnológico, salvaguardando el ecosistema y tomando en cuenta las pautas de los tratados internacionales de la OIT (Organización Internacional del Trabajo) para conservar la flora y la fauna. Los países primer mundistas lideran las tecnologías gracias a su potencial energético; donde también la producción de energía requiere de mucha toma de conciencia por el peligro que representa su funcionamiento en un área de alta densidad de población; ejemplo el caso de la explotación de usina de la central de Schenoville (Rusia); que dejó secuelas hasta el día de hoy.

En nuestro país con las centrales binacionales de Salto Grande y la de Yaciretá tiene un potencial en crecimiento, también apoyado por las dos centrales nucleoeléctricas de Atucha I y Embalse, con una capacidad instalada de 919000 kilovoltios. Y se está por construir la **tercera central Atucha: Atucha II.**

Conclusiones del trabajo

La energía es necesaria para la vida cotidiana (luz, teléfono, subterráneo, etc.). La formas de abastecimiento de energía son mucho más avanzadas tecnológicamente en países desarrollados, como EE.UU., Francia, Alemania, Japón, y otros, lo que provoca un mayor aprovechamiento de esta energía. A raíz del material elaborado llegamos a la conclusión que estas formas de recaudación de energía eléctrica son buenas para la humanidad siempre y cuando no perjudiquen al medio ambiente, a la flora y a la fauna.

ARQUITECTURA SOLAR PASIVA

La Arquitectura Solar Pasiva, incluye el modelado, selección y uso de una correcta tecnología solar pasiva, que mantenga el entorno de una vivienda a una temperatura agradable, por medio del Sol, durante todos los días del año. Como resultado, se minimiza el uso de la tecnología solar activa, las energías renovables y sobre todo, las tecnologías basadas en combustibles fósiles.

Entre varios autores el que ayudó a consolidar el término fue el arq. Edward Mazria en 1978 con su libro The Passive Solar Energy BooK1 [1]resultado de sus investigaciones en el período 1975 a 1977 en la Universidad de Nuevo México.

La arquitectura solar pasiva es sólo una pequeña parte del diseño de edificios energéticamente eficientes, que a su vez, es otra parte del diseño sostenible, aunque estos términos a menudo se utilicen erróneamente como sinónimos (la arquitectura solar pasiva no se relaciona con conceptos como ventilación, enfriamiento por evaporación, o análisis de ciclo vida).

La Evolución de la Arquitectura Solar Pasiva

El diseño de construcciones basadas en la arquitectura solar pasiva proviene de la antigüedad y ha permanecido ligado a la arquitectura tradicional de muchos países. El primer caso fue la Casa solar MIT #1 construida hacia el año 1939 en Massachusetts (EEUU) bajo el proyecto académico y dirección de H.C. Hottel. Este edificio implicó un paradigma que en el transcurrir de dos décadas generó una competencia entre universidades americanas, primero,

---

1   Mazria, Edward. 1983. *El Libro de la Energía Solar Pasiva.*

a la que se sumaron luego europeas. Esto llevó a la realización de congresos y creación de asociaciones nacionales e internacionales donde concurrían en un espacio académico multidisciplinario arquitectos, físicos e ingenieros trabajando en grupos para la concreción de estas viviendas de carácter experimental. La American Solar Energy Society (ASES) fue la asociación pionera creada en 1954, a la que siguieron la Asociación Argentina de Energía Solar (ASADES) en 1974, La Asociación Nacional de Energía Solar de México (ANES) en 1980, entre otras. Se ensayaban nuevas ideas y propuestas, se generaban innovaciones, se monitoreaba y modelizaba registrando meticulosamente cada avance en actas de congresos y reuniones o revistas referadas de cada asociación.

Ganancia directa

Muro de acumulación no ventilado

Muro de acumulación ventilado

Invernadero adosado

Techo de acumulación

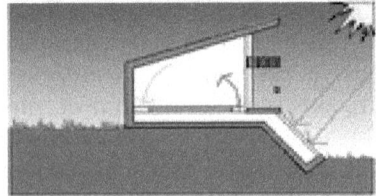

Captación solar y acumulación calor

Esquemas de los principales sistemas solares pasivos.

Estas construcciones solares, principalmente viviendas, se concretaron principalmente en el mundo desarrollado aunque también se efectivizaron casos en países en vías de desarrollo, caso Sudamérica. Continuamente fueron apareciendo nuevas construcciones en el ámbito rural o en suburbios urbanos por parte de comitentes entusiastas. Sistemáticamente fueron ignoradas por la industria de la construcción hasta finales del s. XX, cuando surge el problema del calentamiento global, el cambio climático responsabilizando a la construcción del hábitat el 50% del problema. Esto toma estado público y los medios de difusión comienzan a hablar de eco-arquitectura, arquitectura verde, arquitectura sostenible, arquitectura sustentable. Adjetivaciones a la palabra arquitectura que buscan diferenciarla de la arquitectura convencional implicando una conciencia ambiental y por ende una minimización del impacto ambiental local y/o global que genera cada construcción.

A pesar de la falta de interés general, las tecnologías solares pasivas se retomaron y mejoraron en el último tercio del siglo XX coincidiendo con la crisis del petróleo de 1973. La introducción de tecnologías de diseño asistido por ordenador y la aparición de construcciones pioneras también ayudaron.

En los inicios del siglo XXI, el tema ha cobrado un nuevo interés, debido sobre todo a las consecuencias ya visibles del calentamiento global del planeta

La ganancia solar

Directa implica la utilización de ventanas, claraboyas y persianas para controlar la cantidad de radiación solar directa que llega al interior de una vivienda. El uso de ventanas soleadas combinadas con suelos de gran masa, es un ejemplo sencillo de esta utilización.

Tradicionalmente, estos sistemas de ganancia solar directa no han sido bien considerados, sobre todo por el elevado coste que tenían los cristales bien aislados térmicamente, con valores-R comparables al aislamiento de los muros. Esto está cambiando radicalmente en Europa, donde se desarrollan ventanas superaislantes que ayudan a implementar el estándar alemán de casa solar pasiva.

Solar indirecta

La ganancia solar indirecta es la que se obtiene a través de la piel del edificio, que ha sido diseñada con una masa térmica (como un tanque de agua o un muro sólido recubiertos por un cristal). El calor acumulado por esta masa es cedido al interior del edificio indirectamente por conducción o convección. Ejemplos de esta técnica son: el muro trombe, paredes de agua, o la instalación de pequeños estanques sobre un tejado. La cubierta ajardinada también es un ejemplo representativo.

En la práctica, a estos sistemas se les suele criticar el que sean difíciles de controlar, además del alto precio de los cristales aislantes.

La ganancia aislada implica la captura pasiva del calor del Sol, para posteriormente transportarlo dentro o fuera de la vivienda usando para ello un líquido (por ejemplo un captador térmico dotado de termosifón) o aire (una chimenea solar) o ambos (un almacén de calor).

Los solariums, invernaderos y armarios solares son alternativas para lograr una ganancia de calor aislada de la que podemos aprovechar el aire caliente.

- La orientación en la construcción. Teniendo en cuenta la climatología local, se puede construir una casa orientándola de forma que reciba la mayor cantidad de radiación solar anual, evitando sombras en invierno y protegiéndola del exceso de radiación en verano. También se pueden utilizar técnicas basadas en recubrimientos vegetales.
- Características de la construcción. La forma del edificio y su envolvente determinan la cantidad de superficie expuesta a la radiación solar, ajustando ésta a las necesidades deseadas. Las propiedades de los materiales de construcción elegidos, sirven para regular la absorción, reflexión o transmisión de la energía captada.
- Uso del entorno. La utilización de elementos naturales como árboles y plantas puede resultar útil para crear zonas de refrescamiento en verano y un escudo de protección del viento en invierno.

Aunque no se clasifique dentro de las tecnologías solares pasivas, el uso de materiales aislantes térmicos se utiliza con profusión para reducir las pérdidas o las ganancias no deseadas de calor.

Solar Pasivo

Introducción

*Solar pasivo e*s una expresión que hace referencia a la interacción entre la radiación solar y los edificios sin requerir ningún componente activo. Cuando un líquido transfiere y distribuye la calor solar al edificio, entonces se habla de *solar activo* (ver el capítulo 6: Energía Solar Térmica); tanto el solar activo como el solar pasivo utilizan la franja infrarroja de los rayos solares.

Antes de la implantación de calderas y de sistemas de distribución de calor como los radiadores o el flujo de aire caliente, la principal manera de controlar la temperatura dentro de un edificio era a partir de elementos de arquitectura solar pasiva. Los procesos naturales básicos utilizados en arquitectura solar pasiva son los flujos térmicos de energía, asociados con la radiación, la conducción y la convección natural. Cuando la luz del sol incide sobre un edificio, los materiales de éste pueden reflejar, transmitir o absorber la radiación solar. Además, el calor producido por el sol causa un movimiento de aire. Estas respuestas básicas al calor solar han hecho que se diseñen elementos, tipos de materiales y ubicaciones que pueden proporcionar el efecto de enfriamiento y de calentamiento en el hogar. Estos se ven a menudo en edificios antiguos, en especial, al sur de Europa donde, por ejemplo, las ventanas tienen persianas que se utilizan para limitar el beneficio solar en verano y retener el calor en invierno.

La arquitectura pasiva tiene la gran ventaja de no requerir una fuente de energía externa, por tanto, no tiene un coste de funcionamiento ni contribuye a la contaminación medioambiental. Estas características pueden resaltar la apariencia de un edificio y ayudarán a mantener su estructura. Aún siendo la que se tiene más en cuenta a la hora de diseñar un edificio nuevo, la mayoría de las técnicas se pueden acoplar a los edificios existentes. El potencial de cualquier edificio dependerá de su edad, orientación y tipo.

Características del calor

Todos los cuerpos *irradian* calor, la cantidad irradiada depende de la naturaleza de su superficie y temperatura. Cuanto más grande sea la superficie o la temperatura, mayor será el calor irradiado. A temperaturas muy altas, la radiación llega a ser visible como la luz de una bombilla de filamentos o del sol.

El *calor fluye* desde un cuerpo caliente a uno de más frío por *radiación, conducción o convección*. La luz del sol calienta los edificios por radiación; el aire lo hace por convección mientras que el calor se transfiere a través de las paredes por conducción (ver el capítulo 4).

La cantidad de *calor absorbido o reflejado* por un cuerpo depende de la intensidad de la radiación y del color del cuerpo. Los objetos negros son los más *absorbentes* de calor mientras que los blancos son los más *reflectores*. El concepto de 'blanco' y 'negro' hace referencia a los colores perfectos o teóricos. Los colores reales nunca son perfectos, de manera que los objetos no absorberán ni reflejarán toda la radiación.

Todos los cuerpos conducen el calor de las partes más calientes a las más frías, pero a velocidades muy diferentes, dependiendo de la diferencia de temperatura y de la habilidad de sus materiales constituyentes para conducir el calor. Cuanto mayor sea la diferencia de temperatura y mayor la conductividad, mayor será el flujo de calor.

Estas características son muy importantes para el confort térmico del hogar. A temperatura ambiente, unos 20 °C, un cuerpo de baja conductividad, como la lana o el corcho, nos parecerá más cálido y los cuerpos de alta conductividad, como los metales, nos parecerán fríos.

El *efecto invernadero*, responsable del calentamiento global, surge de principios similares. La superficie de la tierra es capaz de absorber parte de la luz producida por el sol que, una vez irradiada como calor, es absorbida a la parte baja de la atmósfera por los gases de efecto invernadero como el dióxido de carbono.

La inercia térmica es la resistencia de un cuerpo a un cambio de temperatura cuando la temperatura ambiente cambia: cuanto mayor sea la masa de un cuerpo, mayor será su inercia térmica. Esta KITH manual para escuelas característica es importante para el confort térmico en el hogar. Los edificios de baja inercia se calientan rápidamente debido al sol y se enfrían rápidamente por la noche. Los edificios de alta inercia mantienen una temperatura más constante ya que el edificio actúa como un almacén térmico, guardando la energía en las paredes durante el día y después dejándolo ir, una vez se pone el sol y se enfría el aire por la noche.

La radiación solar llega a las superficies en ángulos diferentes, dependiendo de la orientación de la superficie y de la posición del sol en el cielo. El ángulo de incidencia es muy importante porque determina cuanta energía de la radiación solar puede ser capturada o reflejada por la superficie. Los valores máximos se obtienen cuando la radiación es perpendicular (90°) a las superficies. Cuando la radiación es paralela (ángulo de incidencia de 0°) a la superficie, la radiación no es capturada ni reflejada por la superficie.

Los cuerpos conservan su energía térmica, a no ser que la intercambien con otros cuerpos o la transformen en otro tipo de energía, como es la luz o la electricidad. Temas relacionados: pérdidas de calor, energía fotovoltaica, energía solar.

Protección del sol

Calentar con la radiación solar es ideal durante el invierno, pero no durante el verano, que es cuando puede provocar un sobrecalentamiento en el interior de un edificio. Muchas culturas han aprendido a evitar este calor indeseable cubriendo o tapando la parte soleada del edificio durante el verano. Una cobertura adecuada puede proporcionar un buen control del clima interior evitando así el aire acondicionado en verano, pero siendo útil para calentar en invierno. Para diseñar una buena protección del sol, conviene conocer la radiación solar que llega al edificio a lo largo del día durante las diferentes estaciones del año.

La protección del sol se puede conseguir de diversas maneras, dependiendo de la ubicación, el tipo y la geometría del edificio y de les preferencias del diseñador. El principio fundamental es colocar la protección o cobertura de forma que reduzca la radiación solar durante el verano y que facilite el beneficio solar al invierno.

Las siguientes opciones son las más comunes.

- Árboles caducos – las hojas proporcionan sombra durante el verano y caen en otoño.

- Los porticones que se instalan en la parte exterior de la ventana; en verano evitan el sobrecalentamiento y en invierno impiden que el calor se escape.
- Persianas – constituyen láminas que se pueden inclinar para controlar la luz (el calor): se pueden montar horizontalmente (las venecianas) o verticalmente.
- Superficie horizontal externa – montada sobre la ventana para evitar los rayos solares directos cuando el sol esta alto en el cielo (verano, mediodía); de todas formas, cuando el sol esta bajo (invierno y primera hora de la mañana y última del día durante el verano) los rayos pueden caer sobre la ventana y entrar en la estancia.
- Tendales – una marquesina externa que se puede extender o recoger dependiendo de la intensidad de la luz del sol durante el verano.
- Las placas solares, planas o tubulares, se pueden usar para hacer sombra en las fachadas o terrazas

Calefacción solar

Las características básicas del calor se pueden utilizar para proporcionar calefacción solar durante el invierno. El método más sencillo es por absorción de los rayos solares por parte de una pared externa orientada al sur que permite que el calor sea conducido a través suyo hacia la pared interna de la vivienda. Para que ello sea más efectivo, no habría de haber árboles que hicieran sombra a las paredes ni estas habrían de recibir sombra de edificios contiguos.

La transmisión de la luz a través de las ventanas permite que los rayos infrarrojos calienten el aire de una habitación por convección. Si el cristal externo de una ventana (en las de doble capa) esta cubierto por la parte interior de una capa reflectora adecuada, entonces los rayos infrarrojos son reflejados de nuevo a la habitación de manera que retienen el calor.

Cuanto mayor sea la inercia térmica de un edificio, más cantidad de calor se podrá almacenar durante el día, reduciendo así la necesidad de calentar durante la noche.

Muro Trombe

Trombe es el nombre del ingeniero francés que fue el primero en popularizar este tipo de construcción en los años 60.

Una pared Trombe es negra u oscura y utiliza el efecto invernadero con un cristal colocado a unos centímetros delante de él para formar un espacio de aire. La parte externa de la pared se calienta gracias al sol y ésta, a su vez, calienta el aire que tiene delante. Una apertura en la parte superior e inferior de la pared de almacenamiento térmico permite la transmisión de calor por convección de la cavidad de aire caliente hacia el interior de la casa. Cuando el sol cae, las aperturas se cierran para evitar un movimiento contrario del aire, que enfriaría la casa. Con un diseño apropiado de la pared (color, agujeros, material, grosor), ésta estará caliente durante una buen rato después de la puesta de sol proporcionando confort en el interior del edificio.

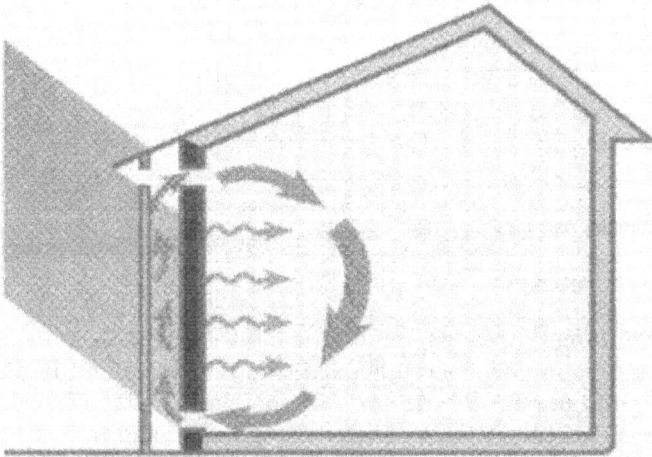

Muro Trombe

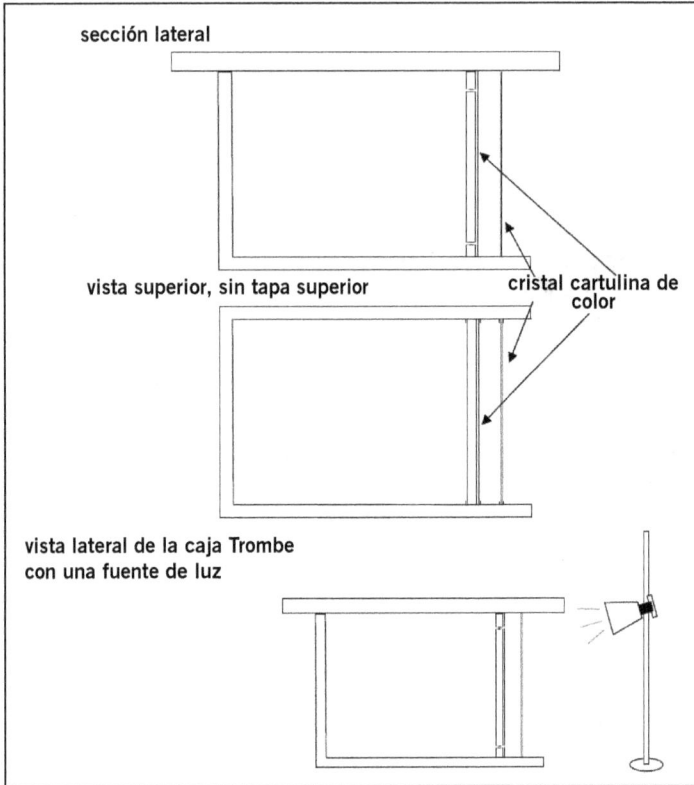

sección lateral

vista superior, sin tapa superior

cristal cartulina de color

vista lateral de la caja Trombe
con una fuente de luz

Ventanas aireadas

Las ventanas aireadas combinan las características de una ventana y de una pared Trombe. Tal como se ilustra en la abajo ilustrada, una persiana veneciana se encuentra entre dos cristales con tres aperturas: A, B y C; dos de ellas hacia el interior y la otra hacia el exterior. Las láminas de la persiana son negras por una cara y blanca por la otra.

Para que sean efectivas, las ventanas aireadas han de estar orientadas hacia el sur. Si la cara negra de las láminas mira al sol, el aire que ha entre los cristales se calienta. En invierno, con la apertura A abierta y la B cerrada, el aire caliente originado en el espacio de ventilación entra a la habitación a través de la apertura A empujando el aire frío hacia fuera de la habitación a través de la apertura C para que de esta forma sea calentado.

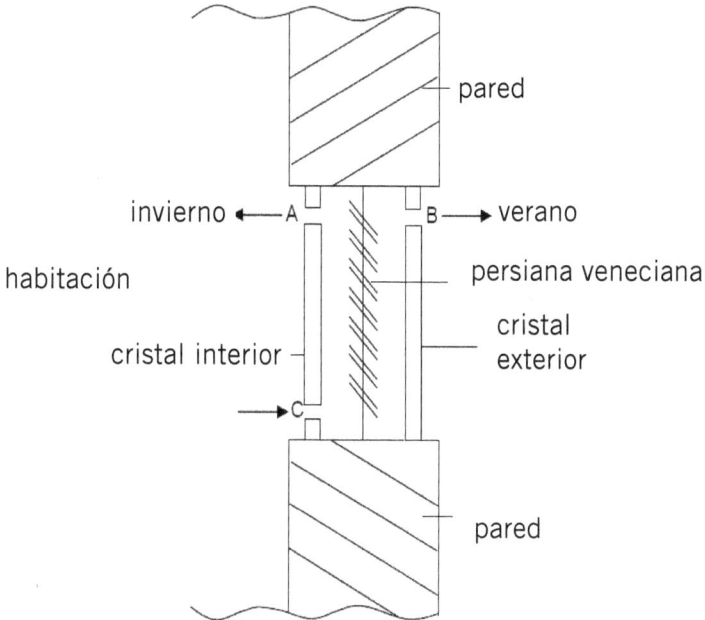

Esquema de una ventana aireada

Habitación:
Invierno: cristal interior
Verano: cristal exterior
Verano: persiana veneciana pared C, A, B pared

En verano la apertura A esta cerrada y el aire caliente sale por la apertura B, llevando el aire hacia fuera de la habitación por la apertura C. Esta ventilación natural se puede reforzar en verano abriendo las ventanas y los balcones de la parte fría del edificio.

Aire caliente seco enfriado y humedecido por fuentes

Abriendo ventanas de caras opuestas de una habitación inducirá la ventilación natural. De todas maneras, algunos edificios pueden tener paredes de cristal que no pueden ser abiertas o ventanas que se han de mantener cerradas debido al ruido del tráfico y la contaminación. Una solución es el uso de ventanas aireadas, antes descritas. Estarán 'cerradas', pero permitirán un poco de ventilación, protección solar y visibilidad.

Las paredes Trombe son muy efectivas en edificios orientados hacia el sur y cuentan con diseños atractivos. Son más habituales en el sur de Europa.

Almacenamiento de calor

Para almacenajes de largo plazo, como es de verano a invierno, la tierra, el agua y el aire pueden guardar grandes cantidades de calor. Este almacenamiento es posible debido a sus bajas propiedades de transmisión térmica (conductividad pobre) y a la gran masa (inercia térmica). Se encuentran más fríos que la media de las temperaturas ambiente estivales y más calientes que la media de las temperaturas ambiente invernales. Nos podemos beneficiar de esta propiedad para calentar las casas durante el invierno y enfriarlas durante el verano. El sistema de las bombas de calor es una tecnología que se ha demostrado que puede ofrecer este servicio.

Para un almacenamiento a corto plazo, como puede ser día-noche, se puede usar la masa térmica del edificio para guardar energía de forma pasiva. En general, la estructura externa se calienta durante el día a partir del calor que es conducido a través de las paredes y así calentar el interior de la casa. Por la noche este proceso se invierte de manera que el aislamiento de les paredes externas reducirá la pérdida de calor.

La cantidad de calor almacenado dependerá del/os material/es que estén hechas las paredes exteriores. Los bloques con base de cemento y ladrillos tendrán una masa alta y, por tanto, una gran capacidad de almacenamiento, mientras que la madera tiene poca masa y, por tanto, una menor capacidad de almacenamiento.

Potencial en la escuela y en casa

Después de estos conocimientos básicos, ahora se puede valorar como se pueden aplicar estas técnicas. Empieza por anotar las temperaturas de clase y de su entorno y después observa la construcción y la orientación del edificio para valorar el potencial existente para la aplicación de las técnicas solares pasivas. Repite este procedimiento en tu casa y debate tus hallazgos con los otros compañeros de tu grupo.

Arquitectura bioclimática

Descripción

Es aquella arquitectura que diseña para aprovechar el clima y las condiciones del entorno con el fin de conseguir una situación de confort térmico en su interior. Juega exclusivamente con el diseño y los elementos arquitectónicos, sin necesidad de utilizar sistemas mecánicos complejos, aunque ello no implica que no se pueda compatibilizar.

A simple vista la mayoría de las casas son similares desde el punto de vista constructivo, y salvo alguna cuestión estética, también desde el punto de vista de diseño. Nos pueden gustar mas o menos, parecernos bellas o por el contrario horrendas, pero lo que seguramente nos resultará mas difícil de determinar en porque en algunas de ellas los consumos energéticos se reflejan en facturas de servicios exorbitantemente elevadas, mientras que en otras, similares en cuanto al diseño, cantidad de habitantes y uso, estas facturas son mucho menores.

Si partimos de la base de un sistema constructivo, de condiciones de diseño y uso de similares condiciones ¿Cuál es el motivo por el que existen diferencias de consumo energético entre unas y otras?

La respuesta es simple si tomamos en cuenta que el mas simple colector solar, que nos permite utilizar en nuestro provecho la energía gratuita proveniente del sol, es una sencilla ventana, con la única condición de estar bien orientada.

Este aporte gratuito bien aprovechado, servirá para elevar la temperatura interior durante el invierno, lo que se traduce en un menor consumo de energía. Por el contrario las ventanas mal orientadas, servirán para que por ellas se fugue una cantidad importante de energía que deberá necesariamente ser compensada por el equipo de calefacción si queremos mantener la temperatura interior dentro de ciertas condiciones de confort.

Pero así como existen formas de aprovechar la energía solar durante el invierno, también podemos conseguir que durante el verano, a través de un ingreso no deseado y a veces hasta salvaje, la temperatura interior también se eleve y deba ser compensada por un mayor aporte del equipo de aire acondicionado. Como vemos uno de los elementos que necesariamente debe ser diseñado en cualquier edificio puede jugar a favor o en contra de nuestro propósito, simplemente por medio de una adecuada orientación. Desde este punto de vista, la utilización de cualquier ventana convierte al edificio en un "edificio solar" y algunos disfrutan este aporte gratuito, mientas que otros lo padecen.

Bioclima

Durante los últimos años, el elevado incremento del consumo energético mundial, a promovido el uso, cada vez más necesario de las energías renovables.

En nuestro afán de incentivar el uso de dichas energías y como empresa innovadoras, que ofrece un amplio espectro en el uso de *energías renovables*, nos complace presentarles una serie de productos, que siendo fieles a los valores medioambientales, tan necesarios recientemente, combina eficiencia y **producción a bajo coste**. Como nuestros *paneles fotovoltaicos*, formado por un conjunto de células fotovoltaicas que producen electricidad a partir de la luz que incide sobre ellos, capaces de reducir el consumo de un hogar de la red eléctrica casi un 100%.

A su vez, el **ahorro de electricidad,** es fácilmente combinable con su aprovechamiento, como en nuestra gama de calefacciones que abarca desde las calefacciones eléctricas, portátiles y por agua, que acondicionan su hogar, para una estancia cómoda, mientras se utiliza la energía de un modo económico y responsable.

Pero nuestro compromiso con el medio ambiente no abarca solo el hogar, sino también las empresas especializadas en la venta de calderas de biomasa, damos una oportunidad al futuro con las calderas de hueso de aceituna, uno de los mejores biocombustibles para usar calderas de biomasa.

Hasta ahora el elevado coste de maquinaria productora de energía renovables, impedían en cierta medida el uso de ésta, el bajo coste que nuestra empresa es capaz de proporcionarte, pone de manifiesto nuestro compromiso con el Medio Ambiente.

Incidencia de Energía Solar

La energía solar es la energía obtenida directamente del Sol. *La radiación solar incidente en la Tierra* puede aprovecharse, por su capacidad para calentar, o, directamente, a través del aprovechamiento de la radiación en dispositivos ópticos o de otro tipo. Es un tipo de energía renovable y limpia, lo que se conoce como energía verde.

La potencia de la radiación varía según el momento del día, las condiciones atmosféricas que la amortiguan y la latitud. Se puede asumir que en buenas condiciones de irradiación el valor es superior a los 1000 W/m^2 en la superficie terrestre. A esta potencia se le conoce como irradiancia.

La **radiación es aprovechable** en sus componentes directa y difusa, o en la suma de ambas. La radiación directa es la que llega directamente del foco solar, sin reflexiones o refracciones intermedias. La difusa es la emitida por la bóveda celeste diurna gracias a los múltiples fenómenos de reflexión y refracción solar en la atmósfera, en las nubes, y el resto de elementos atmosféricos y terrestres. La radiación directa puede reflejarse y concentrarse para su utilización, mientras que no es posible concentrar la luz difusa que proviene de todas las direcciones.

La irradiancia directa normal (o perpendicular a los rayos solares), fuera de la atmósfera recibe el nombre de constante solar y tiene un valor medio de 1354 W/m^2 (que corresponde a un valor máximo en el perihelio de 1395 W/m^2 y un valor mínimo en el afelio de 1308 W/m^2.)

Propiedades Biomasa

Biomasa es la abreviatura de masa biológica, cantidad de materia viva producida en un área determinada de la superficie terrestre, o por organismos de un tipo específico. El término es utilizado con mayor frecuencia en las discusiones relativas a la energía de biomasa, es decir, al combustible energético que se obtiene directa o indirectamente de recursos biológicos. La energía de biomasa que procede de la madera, residuos agrícolas y estiércol, continúa siendo la fuente principal de energía de las zonas en desarrollo.

Es la masa total de la materia viva de una parte de un organismo, población o ecosistema y tiende a mantenerse más o menos constante. Por lo general, se da en términos de materia seca por unidad de área (por ejemplo kg/ha o g/m²). En la pluviselva del Amazonas puede haber una biomasa de plantas de 1.100 tn/ha de tierra. Es la **energía que se obtiene de las plantas.** La madera de los árboles se ha utilizado siempre como combustible. La biomasa procede de la energía solar. Las plantas transforman la energía radiante del Sol en energía química a través de la fotosíntesis, la energía que queda almacenada en forma de materia orgánica. La energía química de la biomasa se recupera quemándola directamente o transformándola en combustible.

En términos energéticos, se utiliza como energía renovable, como es el caso de la leña, del biodiésel, del bioalcohol, del biogás y del bloque sólido combustible.

La biomasa podría proporcionar energías sustitutivas, gracias a biocarburantes tanto líquidos como sólidos, como el biodiésel o el bioetanol.

La biomasa se puede producir u obtener a partir de subproductos o residuos. Algunos argumentan que producir biomasa necesitaría muchas plantaciones que habría que quitar a cultivos para alimentos o acaparar más terreno salvaje.

Biomasa cultivada y agrícola:

- Orujo
- Paja
- Cardo
- Árboles
- Maíz

Energía Solar Fotovoltaica

Se denomina *energía solar fotovoltaica* a una forma de obtención de energía eléctrica a través de paneles fotovoltaicos.

Los paneles, módulos o colectores fotovoltaicos están formados por dispositivos semiconductores tipo diodo que, al recibir radiación solar, se excitan y provocan saltos electrónicos, generando una pequeña diferencia de potencial en sus extremos. El acoplamiento en serie de varios de estos fotodiodos permite la obtención de voltajes mayores en configuraciones muy sencillas y aptas para alimentar pequeños dispositivos electrónicos.

A mayor escala, la corriente eléctrica continua que proporcionan los paneles fotovoltaicos se puede transformar en corriente alterna e inyectar en la red eléctrica, operación que es muy rentable económicamente pero que precisa todavía de subvenciones para una mayor viabilidad.

El proceso, simplificado, sería el siguiente: Se genera la energía a bajas tensiones (380-800 V) y en corriente continua. Se transforma con un inversor en corriente alterna. Mediante un centro de transformación se eleva a Media tensión (15 ó 25 kV) y se inyecta en las redes de transporte de la compañía.

En entornos aislados, donde se requiere poca potencia eléctrica y el acceso a la red es difícil, como estaciones meteorológicas o repetidores de comunicaciones, se emplean las placas fotovoltaicas como alternativa económicamente viable. Para comprender la importancia de esta posibilidad, conviene tener en cuenta que aproximadamente una cuarta parte de la población mundial no tiene acceso a la energía eléctrica.

Placas Solares

Especialmente populares son los equipos domésticos compactos, compuestos típicamente por un depósito de unos 150 litros de capacidad y dos colectores de un 1 metro cuadrados cada uno. Estos equipos, disponibles tanto con circuito abierto como cerrado, pueden suministrar el 90% de las necesidades de agua caliente anual para una familia de 4 personas, dependiendo de la radiación y el uso. Estos sistemas evitan la emisión de hasta 4,5 toneladas de gases nocivos para la atmósfera. El tiempo aproximado de retorno energético (tiempo necesario para ahorrar la energía empleada en fabricar el aparato) es de un año y medio aproximadamente. La vida útil de algunos equipos puede superar los 25 años con un mantenimiento mínimo, dependiendo de factores como la calidad del agua.

Es habitual encontrarse con instalaciones en las que el acumulador contiene una resistencia eléctrica de apoyo, que actúa en caso de que el sistema no sea capaz de alcanzar la temperatura de uso (normalmente 40 °C). En algunos países se comercializan equipos que utilizan el gas como apoyo.

Las características constructivas de los colectores responden a la minimización de las pérdidas de energía una vez calentado el fluido que transcurre por los tubos, por lo que se encuentran aislamientos a la conducción (vacío u otros) y a la rerradiación de baja temperatura.

Además de su uso como agua caliente sanitaria, calefacción y refrigeración (mediante máquina de absorción), el uso de placas solares térmicas (generalmente de materiales baratos como el polipropileno) ha proliferado para el calentamiento de piscinas exteriores residenciales, en países donde la legislación impide el uso de energías de otro tipo para este fin.

En muchos países hay subvenciones para el uso doméstico de energía solar, en cuyos casos una instalación doméstica puede amortizarse en unos 5 o 6 años. El 29 de septiembre de 2006 ha entrado en vigor en España el Código Técnico de la Edificación, que establece la obligatoriedad de implantar sistemas de agua caliente sanitaria con energía solar en todas las nuevas edificaciones, con el objetivo de cumplir con el protocolo de Kyoto.

CONSUMO DE ENERGÍA Y CÓMO AHORRARLA EN ARGENTINA

PRODUCCIÓN DE ENERGÍA

Toda actividad económica que se realice requiere de distintas cantidades y tipos de productos energéticos.

La energía eléctrica es la que predomina en la sociedad, y es la que se utiliza para el desarrollo de distintas actividades. Las industrias, las maquinarias y los equipos necesarios para la producción requieren de esta energía, al igual que los comercios y los servicios no pueden funcionar sin energía eléctrica.

El consumo de electricidad se realiza a través de redes, lo que significa que los usuarios conectados a la misma red recibirán un servicio de similares características. Un corte en el servicio eléctrico pone de manifiesto estas características y también demuestra cuán incorporada está la energía eléctrica en nuestras actividades cotidianas.

La energía eléctrica es producida por distintos tipos de fuentes: recursos naturales renovables o recursos naturales no renovables. En el país ha ido creciendo el abastecimiento de energía eléctrica, pero aún su generación sigue dependiendo, con gran intensidad, de los recursos no renovables, como los combustibles fósiles.

La energía

La generación de energía para el desarrollo de actividades humanas, requiere de una serie de procesos:

1°) Obtener la energía primaria, la que se extrae de fuente natural): leña, petróleo, gas natural, etc.
2°) De energía primaria, se transforma en energía secundaria, se obtienen productos que la mayor parte de la población utiliza de forma directa como fuente energética.
3°) El transporte y la distribución de energía. Es una etapa muy importante para que la energía se pueda distribuir a la población.

Fuentes de energía en Argentina

Desde el siglo XX Argentina ha utilizado fuentes naturales, como los combustibles, con fines energéticos; éstos son: el petróleo, el gas y el carbón mineral.

Los derivados del petróleo son las naftas, el fuel oil, el gasoil; los del gas son el gas natural comprimido, GNC. Éstos son utilizados como combustibles para vehículos. Por otra parte, los derivados del petróleo, el gas y del carbón mineral son utilizados en gran medida, en centrales termoeléctricas, para la producción de energía eléctrica.

A mediados del siglo XX, se ha incrementado la utilización del agua de los ríos como fuente natural de energía. Con la construcción de represas se puede obtener energía eléctrica.

En la década del setenta, se comenzó a producir energía eléctrica en centrales nucleares, que utilizan el uranio (un mineral radioactivo) como fuente natural de energía. Estas centrales nucleares eran Atucha I, en Buenos Aires y Embalse, en Córdoba.

Aspectos de la producción y el consumo de energía

En la actualidad la mayor parte de la producción enérgica proviene de la utilización de combustibles fósiles. El 90% de los productos energéticos provienen del petróleo y del gas natural.

Con respecto al consumo final de los distintos productos energéticos, éstos se distribuyen en múltiples actividades, tanto para uso diario de las personas como para las actividades económicas en general.

La mayor parte de energía eléctrica y de gas distribuido por red es consumido por la actividad industrial. Gran parte de la producción energética se destina al mercado interno, aunque también están incrementando, en los últimos años, las exportaciones de petróleo crudo y de productos energéticos como gas y electricidad.

En la actualidad, hay distintas empresas privadas que se encargan de la mayor parte de la producción, del transporte y de la distribución de la energía.

• *La energía eléctrica*

En nuestro país, esta energía se produce en centrales termoeléctricas, hidroeléctricas y nucleares. Ellas forman parte del Sistema Interconectado Nacional (SIN), el cual está integrado por redes de alta tensión que distribuyen la energía para abastecer a la población de distintas provincias.

Las centrales hidráulicas también presentan un gran porcentaje en la generación de energía eléctrica. Se destacan Yacyretá, Salto Grande, y las distintas centrales ubicadas en la provincia del Neuquén.

Neuquén es la provincia que más aporta en generación eléctrica al sistema interconectado. Se han construido en ella, varias represas hidroeléctricas (Chocón-Cerros Colorados, Piedra del Águila y Alicurá.

Estas centrales producen la energía a partir de la acumulación de agua de los ríos en un embalse. El agua es conducida mediante cañerías especiales hasta la central hidroeléctrica. Allí se encuentran turbinas que son movidas por el paso del agua, y están conectadas a un generador que convierte esa fuerza en energía eléctrica.

Desde las centrales hidroeléctricas parten líneas de conducción que transportan la energía eléctrica. En Neuquén existen tres líneas de alta tensión que tienen una extensión hasta 1.650 Km. hasta llegar a las estaciones de transformación de Ezeiza y Abasto, localizadas en AMBA. En estas estaciones la energía se transforma de alta a media tensión. Luego en baja tensión para ser distribuida por los servicios domiciliarios par su consumo.

La energía como sustento del crecimiento económico nacional

La demanda de energía es creciente en diversos ámbitos de la actividad económica nacional y también es promovida por distintos sectores sociales, en un abanico donde conviven comerciantes, industriales, criadores de ganado y trabajadores de la agricultura. De acuerdo con una información reciente del INDEC, el pasado mes de agosto registró un incremento aproximado de un 13 % en materia de ventas en supermercados, en comparación con el mismo mes del 2005 y las ventas realizadas en shoppings, un 14 %. Las instalaciones de centros comerciales cuyas instalaciones adoptan diferentes dimensiones, tienen su correspondiente demanda energética. Por disposiciones recientes del gobierno nacional, las empresas que precisen una mayor cantidad de energía que el año pasado, se ven obligadas a auto-generarla o bien adquirirla en el mercado a un costo mayor del que demandaría un abastecimiento normal.

Sin embargo, vale la pena invertir para ampliar la oferta energética; pasando del ámbito comercial al agroindustrial, la Argentina es dueña de una notable potencialidad para producir combustibles sobre la base de ciertos vegetales: caña de azúcar, soja, maíz. Dicha elaboración se podría involucrar con otras actividades del agro y de la industria para activar otros campos económicos gracias a la inversión en energía.

De manera que, con unos pocos ejemplos, se puede demostrar la unión estrecha entre la inversión energética y el crecimiento económico. De todos modos, no es sencillo hacer frente al aumento de los costos. Todas las empresas argentinas confeccionan sus presupuestos y proyectos, teniendo en cuenta un posible aumento en el pago de los servicios eléctricos.

Posibles dificultades que pueden surgir en una situación de escasez energética

El suministro normal de la energía eléctrica, ante la proximidad del verano es motivo de preocupación tanto en nuestro país como en el extranjero: países como Paraguay o Estados Unidos comparten las preocupaciones de algunos argentinos al respecto. Hay quienes consideran que la capacidad de generación se encuentra al borde de los requerimientos de la demanda y ofrecen argumentos válidos para respaldar sus temores. El primero de ellos es que se han producido sendas fallas en las centrales Atucha y Puerto; por lo cual disminuye en un 5% la capacidad de generación en un período como el estival, cuando naturalmente se incrementa la demanda en forma notoria.

Muchos empresarios están convencidos de que si bien no hay crisis energética, existen problemas de gestión: todavía no se han favorecido inversiones para aumentar la matriz energética argentina. Ofrecen pruebas concretas, cifras para preocuparse: el sistema energético prevé que se disponga de una reserva de uso de unos 5.000 MW al año, cuando se cuenta nada más que con 2.000. Además, en una reciente encuesta, un 81% de los entrevistados empresarios poderosos, advirtió que en el próximo verano se producirán cortes de energía en las ciudades. Por su parte, el alerta proviene también del campo de la biotecnología porque las deficiencias energéticas implicarían una faltante permanente de gasoil en el campo, cuyo crecimiento se frenaría principalmente por esa razón.

El problema ya no es fácil de ocultar: a comienzos de septiembre, en el primer fin de semana del mes, casas de familia de La Plata y de otras localidades de la provincia de Buenos Aires, sufrieron cortes parciales de luz. Por otro lado, falta gasoil porque se lo está empleando para abastecer centrales eléctricas en ausencia de gas u otros combustibles; no importa si es un proceso encarecedor.

Sin duda, el sistema energético está operando en los límites y hasta los menores detalles son motivo de preocupación: por ejemplo, cómo pasar un verano con una enorme cantidad de aparatos de aire acondicionado, funcionando a pleno todo el día, como no ocurrió nunca antes en el país. Es muy difícil garantizar un abastecimiento normal en semejantes circunstancias.

La posibilidad de una crisis energética ha repercutido también en el extranjero. El gobierno de los Estados Unidos está convencido de que la crisis energética ya se instaló en nuestro país. Sus especialistas han realizado estudios que les permitieron sacar conclusiones semejantes a las extraídas por los propios argentinos. Mientras el consumo energético se acelera, no ocurre lo mismo con la producción energética por la baja cantidad de inversiones. Por esa razón, la situación crítica no es fácil de revertir a corto plazo.

El Departamento de Energía es la máxima autoridad estadounidense en cuestiones energéticas y se preocupa por la problemática argentina en profundidad. Sus estadísticas señalan que existe una brecha apreciable entre el crecimiento de la demanda y la oferta no solamente respecto de la electricidad sino también del petróleo y del gas. Dicha institución ha emitido un Documento donde explica que en 2004, no fue suficiente con que el gobierno creara un organismo llamado Enarsa, para invertir en infraestructura de producción y liberalizar tarifas.

Ya es evidente que la producción no aumenta como el consumo y además, Argentina comenzará a importar petróleo acaso en 2007, lo cual también repercutirá sobre el consumo eléctrico.

Las empresas argentinas de energía se hacen eco de las advertencias del extranjero. Ellas lamentan que no existan incentivos para invertir en la cadena de producción, transporte y distribución; también se quejan del carácter provisorio de los acuerdos de tarifas.

En cuanto a Paraguay es posible que firme con la Argentina un convenio por el cual, la deuda paraguaya por Yacyretá (Empresa Hidroeléctrica Binacional), superior a los 10 millones de dólares, quede saldada por medio del abastecimiento de energía eléctrica a la Argentina durante las próximas cuatro décadas. Varios funcionarios de la oposición paraguaya sostienen que un acuerdo semejante mostraría debilidad en la defensa de la soberanía de su país. No admiten que sea legítimo que Paraguay comparta su energía, que la comprometa para el pago de la deuda. Lo cierto es que actualmente, la represa fusiona en un 60% de su capacidad, desde que la Argentina dejó de aportar fondos para obras complementarias, durante el gobierno menemista.

Alternativas válidas para el suministro normal de energía

El gobierno nacional ya ha empezado a adoptar una serie de medidas y controles para eliminar cualquier posibilidad de practicar cortes eléctricos. En principio, han hecho una evaluación de los recursos energéticos, junto con estudios meteorológicos. Los desperfectos en las centrales de Dock Sud, Puerto y Atucha I permiten apreciar que el sistema eléctrico contará con 1200 MW menos a comienzos del verano, cuando llegarán en forma temprana las temperaturas críticas. En el próximo verano, la demanda podría alcanzar picos de 18 mil MW entre las ocho y las diez de la noche. Al respecto, conviene recordar que en el último mes de julio, se produjo un amplio corte de luz mientras el consumo alcanzaba los 17.300 MW.

El ministerio de Planificación Federal trabaja en colaboración permanente con una comisión energética en la cual participan representantes de asociaciones empresas manufactureras y distribuidoras eléctricas. Las medidas propuestas todavía esperan la aprobación del gobierno: cancelar espectáculos deportivos nocturnos en los días de calor, disponer que los comercios apaguen las luces de las vidrieras de noche, modificar los horarios de producción industrial y coordinar fechas para parar transitoriamente la actividad en las plantas industriales. Los especialistas piensan que con esta encrucijada energética habrá que convivir hasta 2010.

Conviene resaltar que se encuentra en vigencia el Plan de Uso Racional de la Energía Eléctrica (PUREE), el cual establece una meta de ahorro del 10% en relación con el consumo de 2003 para los usuarios residenciales del área de Edenor, Edesur y Edelap. De ninguna manera se tiene previsto aumentar castigos para usuarios particulares que consumiesen más energía eléctrica que el año pasado. Por su parte, las distribuidoras Edenor, Edesur y Edelap están a punto de lanzar una nueva campaña tendiente a promover el uso racional de la energía eléctrica y lograr así reducir notoriamente el consumo en el período crítico de abastecimiento esperado para el verano. A partir de mediados de Octubre, se harán llegar a todos los usuarios, folletos con recomendaciones para bajar el consumo, insistiendo en la necesidad de contar con instalaciones eléctricas en buen estado.

Junto con las informaciones técnicas, se les recordará a los usuarios que actualmente el PUREE establece para las casas de familia con consumos bimestrales superiores a 300 kilovatios (Kw.) por hora, la obligación de ahorrar al menos un 10%, respecto al mismo período del año anterior, para no tener que pagar recargos. Para quienes consumen menos, existe una bonificación si logran bajarlo más del 10%. Las distribuidoras de energía acompañan así las propuestas de la Asociación Empresaria Argentina (AEA) y la Unión Industrial Argentina (UIA) para que la población haga un uso racional de la energía.

Con respecto a la acción del gobierno, sobre el tema de las inversiones, la electricidad es el sector de servicios privatizados que tiene más contratos normalizados, al llegarse a un acuerdo con la distribuidora Edelap y las transportistas Transener, Transba y Distrocuyo. Mientras tanto, están bien encaminadas las renegociaciones de Edenor y Edesur y transportistas como Transnea, Transnoa y Transconaue.

El gobierno se está dedicando también a acelerar la adjudicación de nuevas centrales térmicas a ser instaladas: Termoeléctrica Manuel Belgrano SA, que se instalará en Campana y Termoeléctrica General San Martín SA, a instalarse en Timbres, cerca de Rosario. Ello significará una inversión, entre aportes públicos y privados, de unos 2000 millones de dólares. Se piensa arrancar con las obras a partir de noviembre.

Entre tanto, las empresas privadas, unas 5000 fábricas y grandes comercios, deberán obtener por su cuenta la electricidad que consuman por encima del registro de 2005. Tienen dos caminos: autoabastecerse o conseguir un nuevo operador que les venda la energía a precio de mercado, para lo cual están acelerando los estudios correspondientes.

En tal sentido, el científico Luís Juanicó propone reducir el consumo hogareño administrativo al menos, mediante la inserción masiva de lámparas de nueva tecnología como los de bajos consumos o las luces de LED, utilizadas exclusivamente por los semáforos.

El Fondo Monetario Internacional también se ha pronunciado sobre la cuestión energética argentina, a través de uno de sus funcionarios más reconocidos: Anoop Singh. Este especialista ha recomendado invertir especialmente en energía, reconociéndola como una inversión imprescindible para sostener el crecimiento alto. Por ello, se deduce que existe un principio de acuerdo entre el gobierno nacional, los economistas extranjeros, los países amigos, los empresarios y la población argentina en general para unir esfuerzos que conduzcan al uso racional de la energía eléctrica.

Conclusión

La Argentina ha atravesado por varios períodos de graves crisis socioeconómicas; el último de ellos, se produjo entre 2001 y 2002. No obstante, a cuatro años de ese conflicto, la economía nacional ha experimentado un apunte notable en muy poco tiempo. Una economía en crecimiento sostenido beneficia a los ciudadanos pero también exige que se la atienda permanentemente para no retroceder nunca más a una situación crítica como la del 2002.

Por ello, es imprescindible disponer de la energía eléctrica suficiente destinada al aparato productivo y al consumo hogareño. Existen numerosos caminos para alejar las preocupaciones sobre una posible escasez en el suministro. El uso racional de la electricidad debe ser, en estos momentos un objetivo prioritario tanto para el gobierno como para la población. Es recomendable que tanto la dirigencia como los ciudadanos adopten las medidas aconsejadas de inmediato, cuyas propuestas van desde el aumento de inversiones hasta la disminución del consumo en el ámbito del hogar, con el uso de lámparas apropiadas.

BIBLIOGRAFÍA

García, Patricia A. Minvielle, Sandra E. Bertoncello, Rodolfo. Castro, Hortensia. "Producción energética, minera y de combustibles" en Geografía. Temas de la Argentina actual. Buenos Aires: Editorial Santillana Polimodal, 1998, pp. 195-206.

Fernández Bravo, Álvaro. Torre, Claudia. Introducción a la escritura universitaria. Buenos Aires: Editorial Granica.

Oña, Arcadio. "El gobierno en apuros: ya tienden a anotarse los apremios energéticos" en Suplemento El País en Clarín. Buenos Aires, 9 de septiembre de 2006, pp. 14.

Rossi, Antonio. "Preparan un plan más amplio y severo para ahorrar energía" de Suplemento El país en Clarín. Buenos Aires, 10 de septiembre de 2006, pp. 3.

Ceriotto, Luis. "Preparativos para el ajuste energético en las empresas" de Suplemento El País en Clarín. Buenos Aires, 11 de septiembre de 2006, pp. 11.

Rossi, Antonio. "El Gobierno pidió que se haga un uso `racional' de la energía" de Suplemento El país en Clarín. Buenos Aires, 14 de septiembre de 2006, pp. 3.

Gallo, Alejandra. "Los empresarios reconocen estar preocupados por la falta de energía" en Suplemento El País en Clarín. Buenos Aires, 15 de septiembre de 2006, pp.20.

Baron, Ana. "Para los EE.UU., la Argentina sufre una crisis energética" de Suplemento El País en Clarín. Buenos Aires, 16 de septiembre de 2006, pp. 3.

Olivera, Franciso. "Piden a la Argentina que invierta más energía" de Suplemento Economía en La Nación. Buenos Aires, 17 de septiembre de 2006, pp. 18.

Curia, Walter. "Kirchner acordó canjearle a Paraguay deuda por energía" de Suplemento El País en Clarín. Buenos Aires, 19 de septiembre de 2006, pp. 3.

Bär, Nora. "Claves para ahorrar energía" de Suplemento Ciencia/Saludo en La Nación. Buenos Aires, 19 de septiembre de 2006, pp.10.

Elías, Jorge. "El acuerdo energético crea dudas en Paraguay" de Suplemento Política de La Nación. Buenos Aires, 21 de septiembre de 2006, pp. 9.

Baron, Ana. "El Gobierno anunció millonarias inversiones" de Suplemento El País en Clarín. Buenos Aires, 21 de septiembre de 2006, pp.7.

Ceriotto, Luis. "Los empresarios pidieron que la gente consuma menos energía" de Suplemento El País en Clarín. Buenos Aires, 27 de septiembre de 2006, pp.14.

Rossi, Antonio. "Edenor y Edesur lanzan campaña de uso racional de la electricidad" de Suplemento El País en Clarín. Buenos Aires, 28 de octubre de 2006, pp.14.